Abnehmen mit MCT Öl

Das Praxisbuch

Wie Sie mit MCT Öl effektiv Körperfett verlieren, Ihren Stoffwechsel beschleunigen und Hungergefühl unterdrücken

Laura Schönfeld

INHALT

Das erwartet Sie in diesem Buch

Der rapide Interessenanstieg an MCT-Öl spiegelt sich auch in verschiedenen Medienkanälen wider, auf denen es stark beworben wird. Schenkt man den Aussagen Glauben, so wirkt es antientzündlich, lässt die Pfunde purzeln und beugt Alzheimer vor. Das klingt zu schön, um wahr zu sein?

Tatsächlich besitzt MCT-Öl vielversprechende Eigenschaften, die auf Besonderheiten bei der Verstoffwechselung im Körper zurückzuführen sind. MCT-Öl ist in der Keto-Ernährung vor allem als Fatburner und Appetithemmer bekannt, der den Stoffwechsel ankurbeln und dadurch die Fettreserven dahinschmelzen lassen soll. Außerdem soll es die Ausdauer beim Sport erhöhen. Was MCT-Öl wirklich kann und wie man es richtig anwendet, erfahren Sie in diesem Buch.

In diesem Ratgeber werden eine Reihe der häufigsten Aussagen aufgegriffen, die zu den Effekten von MCT-Öl getroffen werden. Sie werden darüber informiert, was bloße Mythen sind und welche Behauptungen durch Fakten gestützt werden. Die gute Nachricht vorweg: Sie müssen weder Anhänger einer extremen Ernährungsform noch ein Leistungssportler sein, um von der Wirkung des MCT-Öls zu profitieren.

Der Fokus des Buchinhaltes liegt auf dem Bereich der Gewichtsabnahme durch MCT-Öl, was die Aspekte Fettverbrennung, Energieverbrauch und Hungergefühl einschließt. Die Wahl ist damit begründet, dass dieses Feld verhältnismäßig gut erforscht ist und eine größere Menge von wissenschaftlichen Studien zur Verfügung steht, die herangezogen werden können, um Behauptungen besser einzuschätzen. Darüber hinaus ist es der Wunsch vieler Menschen, Gewicht zu verlieren, und daher besonders relevant.

Sie erhalten außerdem eine Einführung in die Thematik der MCT, um die Mechanismen nachvollziehen zu können, die den positiven gesundheitlichen

Effekten zugrunde liegen. Ein weiteres Augenmerk liegt auf dem praxisbezogenen Ansatz, den dieses Buch verfolgt. Sie werden über mögliche unerwünschte Nebeneffekte informiert, erhalten eine Anleitung zur richtigen Dosierung und nützliche Tipps zur Handhabung von MCT-Öl in der Küche. Am Ende der Lektüre angekommen, wissen Sie, wie MCT-Öl sicher einzusetzen ist und mühelos in den Alltag integriert werden kann.

Aber nun machen Sie sich selbst ein Bild darüber, wie Sie von den Auswirkungen, die MCT-Öl auf den Organismus hat, profitieren können und welche Anwendungsmöglichkeiten für Sie infrage kommen. Viel Spaß mit diesem Buch!

Alles nur Hype?

Die Popularität von MCT-Öl ist in den letzten Jahren schlagartig gestiegen. Während mittelkettige Triglyceride (MCT) schon etwa 50 Jahre lang ein Gegenstand der Forschung sind und seit Mitte der Neunzigerjahre in der Lebensmittelindustrie eingesetzt werden, so kennt man sie heutzutage vor allem durch die ketogene Ernährung. Anhänger dieser speziellen Diät wissen die besonderen Eigenschaften bei der Verstoffwechselung von MCT-Öl zu schätzen und machen sich diese zunutze.

Vielfältige Effekte werden dem MCT-Öl zugeschrieben und besonders im Internet kursiert eine wahre Flut an Theorien. In Blogs werden

Erfahrungsberichte geteilt, während Experten in einem Interview ihre Meinung kundtun. Hinzu kommt eine stetig anwachsende Anzahl an Firmen, die wie aus dem Nichts aus dem Boden schießen und ihre Produkte auf ihrer Webseite und Social-Media-Kanälen anpreisen. Ein Meinungsaustausch ist zwar wichtig und wünschenswert, doch stehen hinter all den unterschiedlichen Aussagen unterschiedliche Interessen. Dies erschwert es nun, sich objektiv über den gesundheitlichen Nutzen von MCT zu informieren.

Es wird nichts vorweggenommen, wenn Sie nun erfahren, dass MCT-Öl kein Allheilmittel ist, auch wenn es in so manchen Medien anders dargestellt wird. Die generelle Evidenzlage zu MCT ist durchwachsen, da die Studien unter verschiedenen Bedingungen und mit unterschiedlichen Designs durchgeführt wurden. Obwohl einige Untersuchungen mit dem Goldstandard der randomisierten, Placebo-kontrollierten Doppelblindstudie durchgeführt wurden, fehlt die Vergleichbarkeit der Ergebnisse. Probanden wurden MCT unterschiedlicher Herkunft und in variierenden Dosen dargeboten, die MCT wurden nicht als Einzelmaßnahme verabreicht oder die Stichprobezahl war zu klein und die Studienlaufzeit zu kurz. Kurzum, die Gründe sind zahlreich. Dies bedeutet jedoch nicht, dass MCT-Öl nutzlos ist. Es sind in einigen Punkten vielversprechende Hinweise auf eine gute Wirksamkeit vorhanden.

In vielen Blogartikeln liest man, dass MCT-Öl keinen Einfluss auf den Blutzuckerspiegel ausübt. Zur Bestätigung dieser Aussage fehlen aussagekräftige Quellen. Vermutlich ist dies eine Halbwahrheit, da auch Fette den Blutzuckerspiegel steigen lassen, unter anderem, weil der Körper dieses Substrat teilweise in Glucose umwandelt. Da dies einige Stunden in Anspruch nimmt, steigt der Blutzuckerspiegel langsam an – viel langsamer als im Vergleich zu Kohlenhydraten. So scheint es wahrscheinlich, dass MCT-Öl einen sehr geringen Einfluss auf den Blutzuckerspiegel ausübt. Es wird auch diskutiert, ob MCT in den Glukosestoffwechsel eingreift und so positive Wirkungen auf den Blutzuckerspiegel hat. Zu diesem Aspekt ist die Studienlage zu dünn, um konkrete Aussagen zu treffen. Es bleibt abzuwarten, ob sich daraus in der Zukunft eine Anwendungsmöglichkeit ergibt.

In anderen Berichten, die sich mit den gesundheitlichen Vorteilen von MCT-Öl beschäftigen, wird behauptet, dass es eine starke entzündungshemmende Wirkung aufweist, dabei wird nicht erklärt, wie dieser Effekt ausgelöst wird. In der wissenschaftlichen

Literatur herrscht zu diesem Aspekt gähnende Leere. Somit wäre dieser MCT-Öl-Mythos enthüllt. Zumindest zum gegenwärtigen Zeitpunkt kann die These, dass MCT-Öl im Menschen antientzündlich wirkt, nicht bestätigt werden.

Es wird postuliert, dass MCT-Öl den Darm stärkt, indem es das Wachstum erwünschter Bakterienstämme fördert und gleichzeitig die unerwünschten Bakterien an der Vermehrung hindert. Während dieser Effekt im menschlichen Darm aus wissenschaftlicher Sicht nicht ausreichend belegt ist, sind die generellen antibakteriellen Eigenschaften von MCT gut belegt. Freie Fettsäuren sind dafür bekannt, das Bakterien- und Virenwachstum zu behindern oder diese sogar abzutöten. MCT greifen Viren an ihrer Hülle an und verursachen dort ein Leck. Bei hohen Konzentrationen zerfällt die Hülle, wodurch der Virus abgetötet wird. Die meisten Studien zeigen, dass die Caprinsäure (C10) mit ihren zehn C-Atomen am effektivsten wirkt. Doch trotz ihres kleinen Wirkspektrums im Vergleich zur Caprinsäure überzeugt die Caprylsäure (C8) mit Wirkungen gegen gram-positive Bakterien, Viren, Algen und Protozoen.

Taucht man tiefer in die Materie MCT-Öl ein, so stößt man früher oder später auf den Rat, MCT-Öl zu nutzen, um bessere sportliche Leistungen zu erbringen. Doch wieso sollte man dies tun? Athleten streben im Ausdauersport die Fähigkeit an, ihre Glykogenspeicher während eines Wettkampfes nach Kräften aufrechtzuerhalten, denn dies ermöglicht, bei gleichbleibendem Körpereinsatz über einen längeren Zeitraum sportlich aktiv zu sein. So können gegebenenfalls bessere Laufzeiten erzielt werden.

Bei sportlichen Betätigungen mit geringerer Intensität wird Fett als primäre Energiequelle verwendet. Langkettige Fettsäuren stellen jedoch eine weniger gute Energiequelle dar, weil es recht lange dauert, bis sie schließlich in nutzbare Energie umgewandelt werden. So kam die Idee auf, die schnell metabolisierbaren MCT als Energieressource während des Trainings einzusetzen und dabei möglicherweise die Glykogenspeicher zu schonen. Leider hat sich diese Theorie bis zum jetzigen Zeitpunkt noch nicht eindeutig durch Studien nachweisen lassen, dennoch schwören einige Menschen darauf, direkt vor dem Training MCT-Öl einzunehmen, da sie subjektiv einen starken Energieschub wahrnehmen.

Lassen Sie sich nicht davon abschrecken, dass bereits zu Beginn einige Irrglauben aufgedeckt wurden. Im Verlauf dieses Buches werden Sie viele

Informationen zu MCT-Öl erhalten und verstehen, was es so außergewöhnlich macht.

Was ist MCT-Öl?

„Fett macht fett" ist einer der vielen Ernährungsmythen. Wie Sie vielleicht wissen, kommt eine Gewichtszunahme durch eine positive Energiebilanz zustande, egal, wodurch sie verursacht wird. Auch, wenn Fett durch seine hohe Energiedichte hauptsächlich als Energieträger und durch seine Speicherfunktion bekannt ist, so ist es auch notwendig, um die Lebensfunktionen aufrechtzuerhalten. Wussten Sie, dass es ein Bestandteil jeder Zellwand in Ihrem Körper ist? Außerdem ist der Nährstoff Fett wichtig, damit bestimmte Vorgänge im Organismus ausgeführt werden können. So spielt es für den körpereigenen Aufbau von Hormonen eine bedeutende Rolle.

Fette helfen dem Körper auch dabei, die fettlöslichen Vitamine aus der Nahrung besser aufzunehmen.

Eine Ursache für das plötzlich angestiegene Interesse an MCT-Öl liegt in cleveren Marketingstrategien begründet. Immer mehr Menschen greifen zu diesem Produkt, um es in ihren Alltag zu integrieren. Die häufigsten Gründe dafür sind die Hoffnung auf einen Gewichtsverlust oder der Wunsch, das eigene Energieniveau zu erhöhen, um fokussierter zu sein und mehr Leistung zu erbringen. Über diese Aspekte erfahren Sie im Lauf dieses Buches mehr.

Für alle weiteren Ausführungen, die noch folgen werden, ist ein Grundverständnis dafür, was MCT-Öl ist und welche Vorgänge es im Körper auslöst, unabdingbar, denn bevor auf die Wirkungsweise und Anwendungsbereiche eingegangen werden kann, ist es notwendig zu erörtern, über welche Mechanismen MCT vom Körper verstoffwechselt werden. Daher dient dieses Kapitel als Einführung, in der aufgedeckt wird, was es mit der kryptischen Abkürzung MCT auf sich hat und woraus MCT-Öl eigentlich besteht. Sie werden außerdem darüber informiert, wie MCT-Öl hergestellt wird und ob es wertvolle ernährungsphysiologische Eigenschaften besitzt.

LAURA SCHÖNFELD

EIN KURZER AUSFLUG IN DIE CHEMIE DER FETTE

MCT ist eine Abkürzung und steht für „medium chain triglycerides", auf Deutsch also mittelkettige Triglyceride. Chemisch betrachtet, bildet das kleine Molekül Glycerin das Grundgerüst für alle Fette, auch Triglyceride genannt. Es besitzt drei offene Bindungsstellen, die jeweils mit einer Fettsäurekette besetzt werden können. Eine Fettsäurekette besteht aus aneinandergereihten Kohlenstoffatomen (C-Atome), die wasserabweisend sind und einer kurzen wasseranziehenden Gruppe, die am Ende der Kette steht. Es gibt kurzkettige, mittelkettige und langkettige Triglyceride. Je länger eine Kette ist, desto schlechter wasserlöslich ist sie.

In der Literatur wird die Kettenlänge von MCT mit sechs bis zwölf C-Atomen angegeben. Wobei sich die Geister scheiden und in einigen Quellen die Kettenlänge mit sechs bis zehn C-Atomen angegeben wird. Da sich die chemische Benennung der Fettsäuren mit zunehmender Kettenlänge komplizierter und unaussprechlicher gestaltet, wird üblicherweise außerhalb des Feldes der Chemie auf die leichter zu lesenden sogenannten „Trivialnamen" zurückgegriffen. Außerdem kann auch eine Abkürzung verwenden, wobei „C" für die Kohlenstoffatome steht und die Zahl daneben für die Anzahl dieser. Die kürzeste mittelkettige Fettsäure besitzt sechs C-Atome und heißt Capronsäure (C6), darauf folgen die Caprylsäure (C8) mit acht C-Atomen und die Caprinsäure (C10) mit zehn C-Atomen. Die längste mittelkettige Fettsäure ist die Laurinsäure (C12) mit ihren zwölf C-Atomen. Es gibt also insgesamt nur vier verschiedene mittelkettige Fettsäuren, die außerdem als „gesättigt" bezeichnet werden. Die MCT setzten sich aus dem Glycerin und drei mittelkettigen Fettsäuren zusammen, die alle unterschiedlich oder gleich sein können.

VORKOMMEN UND HERSTELLUNG

Von Natur aus kommen MCT nur in wenigen Lebensmitteln vor und sind selbst dort nur in kleinen Mengen vorzufinden. Sie sind in Butter und in geringem Maße auch im Milchfett enthalten. Sogar die menschliche Muttermilch enthält MCT, die den Säugling so mit schneller Energie versorgt. Kokosnussöl stellt eine gute Quelle für MCT dar, da es circa zwischen 62 und 65 Prozent dieser Fettsäuren enthält. Palmkernöl weist eine Menge von circa 55 Prozent MCT auf.

Da MCT in der Natur immer nur mit anderen Fettsäuren gemischt und nie in reiner Form vorkommen, müssen sie durch einen chemischen Prozess extrahiert werden, damit man als Endprodukt MCT-Öl erhält. Aufgrund ihrer Eigenschaften eignen sich dafür insbesondere Palmkern- und Kokosnussöl, wobei letzteres am häufigsten verwendet wird. Die Fettsäuren von Interesse im Kokosöl sind vor allem die Caprinsäure (C10) und die Caprylsäure (C8).

Bei der Gewinnung von MCT-Öl durchläuft das Kokosöl zunächst den Prozess der Hydrolyse, der für die gut wasserlöslichen MCT ein geeignetes Verfahren ist, um sie von den schlecht wasserlöslichen langkettigen Fettsäuren, die ebenfalls im Kokosöl enthalten sind, zu trennen. Bei dieser biochemischen Reaktion verbinden sich die MCT mit den Wassermolekülen. Nun liegen die langkettigen Fettsäuren gesondert von den MCT vor, sodass diese abgetrennt werden können. Der anschließende Vorgang der Kondensation löst die MCT wieder aus ihrer Verbindung mit dem Wasser. Zu guter Letzt werden die nun einzeln vorliegenden Fettsäuren mit dem Basismolekül aller Fette, dem Glycerin, verknüpft. Dieser Vorgang wird als Veresterung bezeichnet. Das Endprodukt zeichnet sich durch eine klare bis hellgelbe Farbe aus und ist sowohl geruchs-

als auch geschmacksneutral. MCT-Öl wird auch „Neutralöl" genannt.

ERNÄHRUNGSPHYSIOLOGISCHE BETRACHTUNG

Fette gehören zu den drei Makronährstoffen, über die der Körper Energie durch Kalorien bezieht. Fette liefern mit neun Kilokalorien pro Gramm mehr als doppelt so viele Kalorien wie Kohlenhydrate oder Eiweiße, die jeweils vier Kilokalorien pro Gramm enthalten. Dies ist der Grund dafür, warum in der konventionellen Ernährungsberatung häufig dazu geraten wird, die Fettzufuhr zu reduzieren, wenn eine Gewichtsabnahme erreicht werden soll. MCT besitzen durch ihre kürzere Kettenlänge einen etwa um zehn Prozent niedrigeren Kaloriengehalt als langkettige Fettsäuren und bieten dadurch einen Vorteil.

Wie Sie sicher wissen, ist das Körpergewicht nicht das alleinige ausschlaggebende Kriterium für eine gute Gesundheit. Es kommt nicht nur darauf an, wie viele Kalorien ein Lebensmittel hat, sondern auch, welche Qualität es besitzt. Oder mit anderen Worten ausgedrückt, es ist relevant, welchen ernährungsphysiologischen Mehrwert sie dem Körper bieten. Auch bei den verschiedenen Fettarten ergeben sich Qualitätsunterschiede. In jedem Fett sind die Fettsäuren auf unterschiedliche Weise miteinander kombiniert und bilden ein individuelles Fettsäuremuster. Dieses bestimmt maßgeblich die Qualität des Fettes. Eine Art und Weise, um die Fettqualität zu beurteilen, ist die Kategorisierung nach gesättigten und ungesättigten Fettsäuren.

Anhand der Art, wie die einzelnen Kohlenstoffatome in der Fettsäurekette miteinander verknüpft sind, können Fettsäuren als gesättigt oder ungesättigt eingestuft werden. Gesättigte Fettsäuren besitzen eine einfache Bindung, während ungesättigte eine oder mehrere Doppelbindungen aufweisen. Darüber hinaus gibt es spezielle Fettsäuren, die zur Lebenserhaltung notwendig sind, jedoch vom Körper nicht selbst hergestellt werden können. Diese nennt man „essenzielle Fettsäuren". Wie Sie sehen, gibt es unterschiedliche Arten von Fetten, die nicht alle gleich „gut" oder gleich „schlecht" sind.

Generell gesprochen, sind ungesättigte Fettsäuren, wie beispielsweise Omega-3, in der Ernährung erwünscht, da einige von ihnen essenziell sind. Dahingegen sind MCT nicht-essenzielle, gesättigte Fettsäuren. Fette, die überwiegend aus gesättigten Fettsäuren bestehen, sind häufig tierischen Ursprungs und in Lebensmitteln wie Butter, Käse, Fleisch- und Wurstwaren sowie in Fertigprodukten zu finden. Jedoch kommen sie auch in Pflanzenfett, wie Kokosfett, Palmfett und Kakaobutter vor.

Der Mehrwert von MCT-Öl liegt nicht in ihrer Fettqualität, sondern in der Art und Weise, wie sie verstoffwechselt werden. Wie genau dieser Unterschied aussieht, erfahren Sie jetzt.

BESONDERHEITEN BEI DER VERDAUUNG

Im Vergleich zu langkettigen Fettsäuren ist bei der Verdauung von den gut wasserlöslichen MCT die Anwesenheit von Gallensäuren nicht notwendig. Die fettspaltenden Enzyme können die Ketten zügig in ihre Einzelteile zerlegen. Sie werden also aufgrund ihrer kürzeren Kettenlänge schneller vom Darm aufgenommen und können zum Teil sogar ungespalten die Darmwand passieren. Außerdem müssen MCT nicht wie die langkettigen Fettsäuren in eine bestimmte Formation gebracht werden, um über die Lymphgefäße ins Blut zu gelangen. Sie finden ihren Weg direkt über das Blut der Pfortader zur Leber. Hier wird den MCT gegenüber den langkettigen Fettsäuren der Vorrang gegeben, sie werden zuerst verstoffwechselt und ohne Hilfe weiterer Moleküle in die Mitochondrien transportiert. Die Mitochondrien werden auch als die „Kraftwerke des Körpers" bezeichnet, da sie für die Energiegewinnung notwendig sind. Auch die MCT werden in ihnen vollständig abgebaut und letztendlich in Energie umgewandelt. Bei diesem Prozess fällt eine Substanz an, aus der Ketonkörper neu gebildet werden können.

Die Besonderheit, dass MCT schnell und relativ unabhängig aufgenommen und abgebaut werden, macht den sonst so zeit- und energieintensiven Prozess der Fettverdauung unkomplizierter und beschwerdefreier. Dies kommt nicht nur gesunden Menschen zugute, sondern bietet auch Vorteile, die in der Therapie verschiedener Darmerkrankungen genutzt werden. Zumeist werden MCT eingesetzt, wenn Absorptionsstörungen vorliegen, also wenn die Aufnahme von Nährstoffen aus dem Darmtrakt ins Blut behindert ist. Das ist auch bei der sogenannten gluteninduzierten Enteropathie der Fall. Hier tritt eine Entzündung der Darmschleimhaut auf, die durch das Eiweiß Gluten verursacht wird, welches hauptsächlich in Getreide vorkommt. Dadurch wird die Schleimhaut des

Dünndarms so stark beschädigt, dass die Zotten, deren Aufgabe es ist, Nährstoffe sowie Mineralstoffe und Vitamine aus der Nahrung aufzunehmen, nicht mehr aufgebaut werden können. Die natürlichen Ausstülpungen der Schleimhaut weichen einer glatten Oberfläche, welche die Funktion der Nährstoffaufnahme nur noch begrenzt ausführen kann. Daher greifen manche Zöliakie-Betroffene auf MCT-Fette zurück, auch um die Aufnahme der fettlöslichen Vitamine zu verbessern.

LAURA SCHÖNFELD

Das müssen Sie über Nahrungsergänzungsmittel wissen

Nahrungsergänzungsmittel (NEM) wie MCT-Öl sind ein beliebtes Mittel zur Erhaltung der Gesundheit und werden in den sozialen Medien sowie offline intensiv beworben. In Deutschland werden NEM stark nachgefragt, das zeigt der steigende Umsatz in den letzten Jahren. Im Jahr 2018 betrug dieser rund 1,4 Milliarden Euro. Umfragen ergaben, dass 70 Prozent aller Befragten in den letzten 12 Monaten NEM konsumiert haben (Statista Global Consumer Survey 2020-2021).

Kein Wunder, denn nie war das Thema Gesundheit relevanter als heute. Für viele Menschen ist sie eine der höchsten Güter und auch wenn ein Grundverständnis davon herrscht, was ein gesunder Lebensstil umfasst, wie etwa ein aktives soziales Leben, ausreichend Bewegung und eine ausgewogene Ernährung, so hat doch jeder einen individuellen Blickwinkel auf die Bedeutung des Wortes gesund.

In unserer heutigen Gesellschaft ist der Druck groß, möglichst viel Energie in die Aufrechterhaltung der eigenen Gesundheit zu investieren. Während Anfang der Neunzigerjahre die Gesunderhaltung eher als eine gesamtgesellschaftliche Aufgabe angesehen wurde, liegt die Verantwortung für diese nun in der Hand des Einzelnen. Dementsprechend informieren sich immer mehr Menschen über eine Lebensweise, die die mentale und physische Gesundheit unterstützt, nicht zuletzt, weil der Gesundheitszustand einen beachtlichen Einfluss auf das Wohlbefinden und somit das tägliche Leben hat.

Die Ernährung spielt eine zentrale Rolle, da sie Schnittstellen mit fast allen Lebensbereichen hat und die Gesundheit maßgeblich beeinflusst. Viele Menschen setzen NEM mit dem Ziel ein, ihre Gesundheit zu fördern und Erkrankungen vorzubeugen.

Interessanterweise nehmen besonders häufig Personen, die ohnehin bereits auf eine ausgewogene Ernährung achten, NEM ein. Die Grundlage einer ausgewogenen Ernährung sind unverarbeitete Lebensmittel sowie frisches Obst und Gemüse. Am einfachsten zu erreichen ist dies durch das Selbst-Kochen mit Grundzutaten.

Allerdings hat sich unsere Esskultur einem Wandel unterzogen, sodass Convenience-Food inzwischen einen festen Bestandteil unseres Lebens darstellt. Häufig zeichnen sich die so verspeisten vorgefertigten Lebensmittel durch eine hohe Kalorienmenge bei einer geringen Nährstoffdichte aus. Bei übermäßigem Verzehr kann dies die Deckung des Nährstoffbedarfs erschweren und sorgt für zusätzliches Hüftgold.

Daher greifen viele Menschen auf NEM zurück, um ihre Ernährung sinnvoll zu ergänzen und so ihre Gesundheit zu erhalten. Wichtig zu erwähnen ist, dass NEM weder dazu geeignet sind, einen echten Nährstoffmangel zu kurieren, denn dafür sind das Fachwissen von Ärzten und möglicherweise auch Arzneimittel nötig, noch für die alleinige Therapie von Krankheiten. Auch wenn NEM kein Allheilmittel sind, so können sie doch so manche Beschwerden lindern, wie Studien zeigen.

Für NEM gilt das Lebensmittelrecht. Anders als bei Arzneimitteln müssen die NEM kein Zulassungsverfahren durchlaufen, in dem untersucht wird, ob sie wirksam und unbedenklich sind. Auch einen Standard für eine ausreichende Qualität existiert nicht. Es liegt in der Verantwortung des Herstellers, dass sein angebotenes Produkt sicher, also nicht gesundheitsschädlich ist und den gesetzlichen Regelungen entspricht. Einige Händler stellen eigene Analyseergebnisse zur Verfügung, um die Qualität und Unbedenklichkeit des Produktes darzustellen.

Werbeaussagen zu NEM werden mit sogenannten „health claims" geregelt. In diesem EU-weiten Gesetz wird festgelegt, welche gesundheitsbezogenen Aussagen über ein Produkt getroffen werden dürfen. Eine Werbeaussage, die sich auf die Gesundheit bezieht, wird nur zugelassen, wenn sie auf allgemein anerkannten wissenschaftlichen Erkenntnissen basiert, also wenn ein kausaler Zusammenhang zwischen der beworbenen Wirksubstanz und dem angepriesenen Effekt besteht. So darf beispielsweise nicht damit geworben werden, dass Fett Krebs heilt, jedoch darf die Aussage getroffen werden, dass Fett zu einer normalen Aufnahme von fettlöslichen Vitaminen beiträgt, da dies ein in der Ernährungswissenschaft anerkannter Fakt ist.

Die gesetzlichen Regelungen existieren, um den Verbraucher zu schützen. Deshalb dürfen die Werbeaussagen nicht irreführend sein und sollen klar verständlich formuliert werden. Allerdings tragen die zahlreichen Produktbewertungen, ungeprüften Aussagen von Influencern oder Personen des öffentlichen Lebens sowie die sich teilweise widersprechenden Ansichten von Experten nicht dazu bei, den Informationsdschungel zu durchschauen.

Außerdem können Firmen einen Blog führen, in dem sie Artikel über MCT-Öl veröffentlichen. Dort können ungeprüft Äußerungen über Produkte gemacht werden. Die gesetzlichen Regelungen greifen hier nicht. Dies ist besonders kritisch zu sehen, da Firmen generell einen größeren Vertrauenszuschuss zugesprochen wird, da davon ausgegangen wird, dass Profis hinter dem Produkt stehen, die sorgfältige Recherchen angestellt haben. Also seien Sie aufmerksam und denken Sie kritisch, wenn Sie sich im Internet informieren.

Gewichtsabnahme durch MCT?

Seit vielen Jahren ist bekannt, dass es sich bei Übergewicht und Adipositas, auch Fettleibigkeit genannt, um ein weltweites Problem handelt. Übergewicht wird durch den Body-Mass-Index, abgekürzt BMI, festgelegt. Dieser setzt über eine Formel das Körpergewicht mit der Größe ins Verhältnis. Liegt der BMI bei 25 kg/m^2 oder höher, so liegt ein Übergewicht vor. Von Adipositas spricht man ab einem BMI von 30 kg/m^2. Laut dem Robert Koch-Institut (Mensink, et al. 2013) sind in Deutschland rund zwei Drittel der Männer und die Hälfte der Frauen übergewichtig. Zwar ist der Anteil Übergewichtiger im letzten Jahrzehnt nicht gestiegen, hat sich aber auf einem hohen Niveau stabilisiert.

Übergewicht und Adipositas können einen negativen Einfluss auf die Lebensqualität haben, werden aber auch mit einigen Beschwerden oder gar Erkrankungen assoziiert. So besteht ein erhöhtes Risiko für Diabetes mellitus Typ II, Herzkreislauferkrankungen und für bestimmte Krebsarten bei Personen mit Adipositas. Folglich ist die Lebenserwartung Adipöser geringer als die von Personen mit Normalgewicht. Die gute Nachricht ist, dass sich bereits eine geringe Gewichtsabnahme positiv auf den Gesundheitszustand und das Wohlbefinden auswirken kann.

Viele verschiedene Faktoren, wie genetische Dispositionen und das Aktivitätsniveau, beeinflussen das Körpergewicht und auch die Lebensumstände stellen viele Menschen vor die Herausforderung, die Kontrolle über ihr Gewicht zu übernehmen, insbesondere, da die meisten Menschen in ihrem Berufsleben einer sitzenden Tätigkeit nachgehen und sich auch in der Freizeit wenig bewegen. Die Weltgesundheitsorganisation empfiehlt Erwachsenen, sich für mindestens 150 bis 300 Minuten in der Woche körperlich zu betätigen. Ein weiterer Störfaktor bei dem Halten eines gesunden

Körpergewichts ist Stress. Zeitmangel und ein hohes Stressniveau, die gern Hand in Hand gehen, machen es nicht leichter, gesunde Entscheidungen zu treffen. Auch verlockende Essensangebote, die allgegenwärtig und zu jeder Zeit verfügbar sind, erschweren es, diszipliniert zu bleiben.

Bei den meisten Menschen sind die überschüssigen Pfunde das Resultat eines unausgewogenen Energieverhältnisses. Es werden also über einen längeren Zeitraum mehr Kalorien aufgenommen, als der Körper verbraucht. Somit sind eine ausreichende körperliche Aktivität und eine ausgewogene Ernährung ein guter Ansatzpunkt, um die Energiebilanz zu beeinflussen.

Aufgrund der Art und Weise wie der Körper MCT metabolisiert, besteht eine große Wahrscheinlichkeit dafür, dass diese sofort in Energie umgesetzt und verbraucht werden, anstatt als Fettdepot für eine spätere Nutzung gespeichert zu werden. Durch diesen Mechanismus kann das Körpergewicht reduziert werden. Hierfür sollten die anderen, langkettigen Fettsäuren in der Nahrung durch MCT-Öl ersetzt werden. Für die Praxis bedeutet dies, dass Sie für die Zubereitung Ihres Salatdressings nicht wie sonst normales Speiseöl verwenden, sondern dieses durch MCT-Öl ersetzen. Dabei ist zu berücksichtigen, bei welcher Dosierungsstufe Sie sich befinden (siehe Kapitel Die Menge macht's!). Sind in Ihrem Rezept für das Salatdressing beispielsweise drei Esslöffel Speiseöl vorgesehen und Sie haben sich gerade bei einer MCT-Öl-Dosierung von zehn Gramm eingependelt, so verwenden Sie einen Esslöffel MCT-Öl, entsprechend zehn Gramm, und zwei Esslöffel Speiseöl. Ein weiterer wichtiger Faktor für eine erfolgreiche Abnahme ist, dass der Austausch der langkettigen Fettsäuren durch MCT über mehrere Wochen erfolgt. Denn auch, wenn bereits mit der ersten Anwendung Kalorien gespart werden, beziehungsweise die Speicherung als Fett verhindert wird, so dauert es doch eine gewisse Zeit, bis die Resultate auf der Waage sichtbar werden.

In einer Übersichtsarbeit aus dem Jahr 2015 (Bueno, et al. 2015) wurden Forschungsergebnisse aus elf einzelnen Studien zusammengetragen und ausgewertet. Dabei wurden nur Arbeiten eingeschlossen, die die höchste Qualitätsstufe für Studiendesign aufwiesen. Es wurde untersucht, welche Auswirkungen auf die Körperzusammensetzung auftreten, wenn mindestens fünf Gramm langkettige Fettsäuren durch mittelkettige ausgetauscht wurden. Die Durchführungsdauer betrug mindestens vier Wochen. Die Ergebnisse zeigen ein signifikant geringeres Körpergewicht und

Körperfett der Probanden. Die Evidenz wurde von den Autoren als niedrig bis moderat eingestuft. Schlussfolgernd heißt dies, dass keine generelle Empfehlung für die Nutzung von MCT-Öl an die Bevölkerung ausgesprochen werden kann, jedoch ist es wahrscheinlich, dass bei einzelnen Personen Erfolge erzielt werden können.

FETTREDUKTION

Gewichtsabnahme schön und gut, doch sollte die bloße Reduzierung von überschüssigem Körpergewicht kein alleiniges Ziel darstellen. Denn auch wenn der Zeiger der Waage heruntergeht, sagt es Ihnen nicht, ob Sie nun Fett, Muskelmasse oder Wasser verloren haben. Das Körpergewicht setzt sich aus dem Körperfett und der fettfreien Körpermasse zusammen, mit der die Knochen- und Muskelmasse sowie das Wasser und Organe gemeint sind. Wenn jemand davon spricht, dass er gern abnehmen möchte, bezieht er sich in der Regel auf den Körperfettanteil.

Auch im Bereich des Kraftsports wird die Reduktion des Körperfetts angestrebt, damit die darunterliegenden Muskeln besser sichtbar werden. Dabei ist es wichtig, einen Großteil der Muskelmasse zu erhalten, während die Fettmasse schrumpft. Dies ist sehr schwierig, da bei der Körperfettreduktion Prozesse in Gang gesetzt werden, die generell abbauend wirken, wohingegen für den Muskelerhalt eher aufbauende Prozesse notwendig sind.

In manchen wissenschaftlichen Artikeln wird kritisiert, dass die Studienlage in Bezug auf Gewichtsverlust und Fettabnahme durch MCT heterogen ist. Dies bedeutet, dass obwohl einige Studien zum Thema veröffentlicht wurden, nicht alle die gleichen Ergebnisse aufweisen. Als Grund kommt beispielsweise ein zu kleiner Stichprobenumfang infrage.

Außerdem können durch eine kurze Studiendauer keine Schlüsse auf eine langfristige Gewichtsabnahme beziehungsweise Fettreduktion geschlossen werden. Erfolgt die MCT-Aufnahme nicht isoliert, sondern in Kombination mit anderen Maßnahmen, wie beispielsweise einer Reduktionsdiät, so fällt es schwer, den erzielten Effekt einem Faktor zuzuschreiben. Bei der wissenschaftlichen Arbeit muss akribisch gearbeitet werden und Resultate werden kritisch beäugt. Dies ist sehr wichtig, da wissenschaftliche Erkenntnisse teilweise auch in Public-Health-Maßnahmen für die gesamte Bevölkerung umgesetzt werden. Natürlich müssen die Strategien dann für jeden sicher und wirksam sein.

Die Ergebnisse einzelner Studien zeigen jedoch, dass sowohl eine Gewichtsabnahme als auch eine Abnahme der Körperfettmasse gefördert werden kann, wenn in der Ernährung die langkettigen Fettsäuren durch MCT ersetzt werden. Da die MCT direkt in das Pfortadersystem transportiert werden, umgehen sie das periphere Gewebe, wie beispielsweise das Fettgewebe. Daher sinkt die Wahrscheinlichkeit, mit der die Fettmoleküle im Fettgewebespeicher eingelagert werden. Es gibt also deutliche Hinweise für einen positiven Effekt von MCT-Öl auf eine Fettreduktion bei einer durchschnittlichen Ernährungsweise. Außerdem besteht die Möglichkeit, dass die Fett-reduzierenden Effekte bei Ernährungsformen wie Low Carb, Keto oder intermittierendem Fasten größer ausfallen, da sie dabei bereits ablaufende Stoffwechselgänge unterstützen. Lesen Sie mehr dazu im Kapitel

MCT-Öl maximal nutzen.

ENERGIEVERBRAUCH

Ist das Ziel ein Gewichtsverlust, muss eine negative Energiebilanz vorliegen. Dies kann erreicht werden, indem die Energieaufnahme durch ein Kaloriendefizit reduziert wird. Bei einer Diät ist das der Fall, da weniger Kalorien aufgenommen als verbraucht werden. Auch ein erhöhter Energieverbrauch führt zu einer negativen Energiebilanz. Dieser wird zumeist durch sportliche Betätigung erzielt.

Aus wissenschaftlicher Sicht ist eindeutig, dass MCT die Fähigkeit besitzen, die Energiebilanz in Richtung des Energieverbrauchs zu lenken. Fraglich ist jedoch, auf welche Weise sie zielführend einsetzbar sind, was auch darauf zurückzuführen ist, dass zu wenige Studien diese Fragestellung untersuchen.

Gut bewiesen ist jedoch, dass MCT einen Effekt der Thermogenese auslösen, der energieverbrauchend ist. Direkt nach dem Essen gibt der Körper eine gesteigerte Menge von Wärme ab. Dieser Vorgang wird auch als „Thermogenese" bezeichnet und ist eine natürliche Reaktion, die durch die Stoffwechselaktivität bei der Verdauung hervorgerufen wird. Studienergebnisse zeigen, dass MCT im Vergleich zu langkettigen Fettsäuren einen größeren Effekt auf die Thermogenese hat und dadurch einen höheren Energieverbrauch auslöst (Nagao und Yanagita 2010).

Auch wenn ein eindeutiger Nachweis dafür besteht, dass MCT den Energieverbrauch durch Thermogenese auslösen, ist davon auszugehen, dass dieser Prozess im Kontext der Gewichtsabnahme eine eher kleine Rolle spielt. Dies bedeutet, dass allein durch Thermogenese kein nennenswerter Gewichtsverlust erreicht werden kann, wobei sie in Kombination mit anderen Strategien, wie beispielsweise einem Kaloriendefizit in der Ernährung, unterstützend wirken kann.

Dass MCT die Fettoxidation erhöhen, kann ebenfalls als gegeben angesehen werden. Die Fettoxidation, umgangssprachlich auch „Fettverbrennung" genannt, ist ein Stoffwechselprozess, der im Körper ständig stattfindet. Hierbei werden Fettsäuren unter dem Ablauf chemischer Reaktionen in Energie umgewandelt, die entweder direkt aus der Nahrung oder dem Fettgewebe stammen. Praktisch gesehen, bewirkt die Einnahme von MCT-Öl, dass ein Teil des aufgenommenen Fettes sofort genutzt statt eingelagert wird oder dass vermehrt Fettreserven zur Energiegewinnung genutzt werden. Wie viel Nutzen dieser Effekt bei einer Gewichtsabnahme bringt, ist uneindeutig.

HUNGER UND SÄTTIGUNG

Wenn Sie bereits einige Erfahrungen mit Diäten gesammelt haben, dann haben Sie sich vielleicht auch schon einmal gedacht: „Wie einfach wäre doch das Abnehmen, wenn ich mein Hungergefühl einfach mit einem Knopfdruck ausschalten könnte." Der Hunger ist für die meisten Menschen ein ständiger Begleiter in einer Diät. Doch sollten Sie Ihr Hungergefühl nicht ständig unterdrücken, denn mit ihm sendet der Körper wichtige Signale.

Hunger und Sättigung umfassen zentrale Mechanismen, die für die ausreichende Versorgung von Energie und Nährstoffen verantwortlich sind. Sinkt der Blutzuckerspiegel ab, macht sich langsam Hunger breit, der immer stärker wird. Der Magen produziert das „Hunger-Hormon" Ghrelin, welches eine Kaskade an Stoffwechselvorgängen in Bewegung setzt und Nerven senden Signale an das Hungerzentrum im Hypothalamus. Dies ist der Dreh- und Angelpunkt für Hunger und Sättigung, denn hier laufen alle Hungersignale zusammen. Ein „echtes" Hungergefühl tritt eher selten auf, da wir im Überfluss leben und so ständig Zugang zu Nahrung haben. In unserer Kultur ist vor allem der

Genuss am Essen ein wichtiger Faktor, hierbei spielt das Belohnungssystem im Gehirn eine wichtige Rolle.

Abzugrenzen hiervon ist der Heißhunger, der plötzlich auftritt und starke Lust auf bestimmte Speisen macht. Diese zumeist kalorienreichen Leckereien zeichnen sich durch einen hohen Anteil an Fett oder Kohlenhydraten aus, häufig auch in Kombination. Eine Heißhungerattacke kommt unerwartet und sie fordert, dass die Gelüste sofort befriedigt werden. Oft sind äußere Reize wie leckere Düfte, die von Essensständen herüberwehen, oder die appetitliche Auslage einer Bäckerei der Auslöser.

Der häufigste Grund für Heißhunger, der während einer Diät auftritt, ist, dass über den Tag hinweg oder am Vortag eine viel geringere Kalorienmenge als normalerweise aufgenommen wurde. Dabei werden oft Mahlzeiten einfach ausgelassen, was den Blutzuckerspiegel stark absinken lässt und damit die Anfälligkeit für eine Heißhungerattacke erhöht. Manchmal sind die Trigger auch in der Gefühls- und Gedankenwelt zu finden. So kann emotionaler Stress Heißhunger auslösen, dies ist eine erlernte Bewältigungsstrategie, um den Stress zu verarbeiten. Kurzfristig setzt die Nahrungsaufnahme des kalorienreichen „Comfort-Foods" Glückshormone im Gehirn frei, doch schon kurz danach setzt das schlechte Gewissen ein und das Energielevel sinkt infolge der Blutzuckerschwankung dramatisch ab. Treten Heißhungerattacken regelmäßig auf, muss der psychologischen oder physiologischen Ursache auf den Grund gegangen werden, denn dies ist ein Zeichen dafür, dass etwas nicht in Ordnung ist.

Heißhunger, der durch physiologische Reize ausgelöst wird, kann vorgebeugt werden, indem die Aufnahme von stark zuckerhaltigen Getränken wie Limonade oder große Mengen an Fruchtsaft sowie der Verzehr von Süßigkeiten reduziert wird. Diese Lebensmittel lösen starke Schwankungen im Blutzuckerspiegel aus. Die Aufnahme von regelmäßigen Mahlzeiten mit ballaststoffreichen Komponenten, wie Vollkorn, Obst und Gemüse, hingegen stabilisiert den Blutzuckerspiegel.

Als kurzkettiges Fett nehmen MCT nur einen geringen Einfluss auf den Blutzuckerspiegel. Es ist außerdem gut belegt, dass bei normal- und übergewichtigen Personen der Verzehr von MCT das Sättigungsgefühl steigert und dadurch die Nahrungsaufnahme reduziert. Ein erhöhtes Sättigungsgefühl ist deshalb so wünschenswert, weil dies zu einer Kalorienreduktion führen kann, ohne dass das Gefühl von Verzicht aufkommt. Dies erhöht die Wahrscheinlichkeit, die gewählte Diät oder Ernährungsumstellung fortzuführen. Allerdings bezieht sich dieses Ergebnis lediglich auf eine Zeitspanne von einem Tag. In der Literatur wurden bereits viele Wirkmechanismen vorgeschlagen, die diesen Effekt auslösen, doch bestehen weiterhin Unklarheiten. Eine Theorie ist, dass ein erhöhtes Sättigungsgefühl auftritt, weil MCT in einem Schwung absorbiert werden. Fette, die lange Fettsäureketten enthalten, werden oft in mehreren Schüben aufgenommen, da eine Menge im Darm verbleibt, bis weitere Nahrung aufgenommen wird. In einer aktuellen Studie (Maher, et al. 2020) wurde dargelegt, dass die Aufnahme von MCT im Vergleich zu langkettigen Fettsäuren die Energieaufnahme in den folgenden 48 Stunden reduziert.

MCT-Öl maximal nutzen

Wie in den vorangegangenen Kapiteln deutlich wurde, müssen keine speziellen Anforderungen erfüllt sein, um einen Nutzen durch MCT-Öl zu erhalten. MCT-Öl kann bei Austausch von langkettigen Fettsäuren zu einem Gewichtsverlust führen, den Körperfettanteil senken und sich durch eine Verringerung des Appetits positiv auf das Körpergewicht auswirken. Hinzukommen begleitend die Effekte der Thermogenese und der erhöhten Fettsäureoxidation. All diese Effekte treten unabhängig davon auf, welcher Ernährungsform Sie folgen.

Nachfolgend erfahren Sie, wie Sie durch Einsatz verschiedener Ernährungsweisen das Potenzial von MCT-Öl voll ausschöpfen können.

KETOGENE ERNÄHRUNG

In der Keto-Szene ist MCT-Öl fast schon ein Grundnahrungsmittel, da es wie gemacht für diese Ernährungsform ist. MCT-Öl kann es dem Organismus erleichtern, den Zustand der Ketose zu erreichen. Außerdem unterstützt es den Körper dabei, in der gewünschten Stoffwechsellage zu verweilen. So ergeben sich positive Effekte nicht nur durch den Zustand des Metabolismus, sondern auch durch die Einnahme von MCT-Öl. Zusammen können diese beiden Mittel eine größere Wirkung entfalten.

Eins vorweg – die ketogene Ernährung ist nicht für jedermann. Für diese Ernährungsform gelten strikte Regeln, die eingehalten werden müssen, um zielführend zu sein. Für die meisten Menschen ist es nicht praktikabel, dieser Ernährung über eine längere Zeit zu folgen. Auch ist es aus gesundheitlicher Sicht nicht ratsam, sie dauerhaft durchzuführen. Als eine Art Kur über eine kürzere Zeitspanne kann die Keto-Diät jedoch große Erfolge mit sich bringen.

Die ketogene Ernährung ist eine Form der Low-Carb-Diät, bei der fast ganz auf Kohlenhydrate verzichtet wird. Dadurch soll erzwungen werden, dass der Körper zur Generierung von Energie auf Fette aus den körpereigenen Fettreserven zurückgreift. Die Grundannahme, auf der diese Diät beruht, ist, dass Kohlenhydrate aufgrund dessen, wie sie verstoffwechselt werden, die wahren Dickmacher sind. Daher werden überwiegend Fett und Eiweiß verzehrt. Dies bedeutet, dass der Organismus nicht mehr die eigentlich bevorzugte Energiequelle der Kohlenhydrate nutzen kann, und bewirkt, dass er Energie aus Fett generieren muss. Dabei wird der Stoffwechsel des Körpers auf die sogenannte „Ketose" umgestellt.

Bei dieser Diät gibt es variierende Angaben zum Verhältnis der Makronährstoffe. Doch sollen circa 70 bis 80 Prozent der täglich aufgenommenen Energie aus Fett stammen. Dies ist mehr als doppelt so viel, als die DGE empfiehlt. 20 bis 25 Prozent soll das Eiweiß ausmachen und nur fünf Prozent Kohlenhydrate werden toleriert. Durch diese Bedingungen müssen zahlreiche Lebensmittel aus dem Speiseplan gestrichen werden. Verzehrt werden reichlich Öle wie Kokosnussöl, Butter oder Leinöl, Fleisch, Fisch, Eier, Samen und Nüsse. Aus der Gemüseabteilung kommen vor allem Blattsalate und Spinat auf den Tisch. In kleinen Mengen können auch Beeren verzehrt werden, anderes Obst ist zu meiden. An dieser Stelle zeigt sich schon, dass es einiges an Disziplin erfordert, dieser Diät treu zu bleiben.

Die Anforderungen an die Verteilung der Makronährstoffe sind so extrem, weil nur dadurch die gewünschte Stoffwechsellage im Körper erreicht werden kann. Werden die Mengenangaben für die Kohlenhydrate auch nur an einem Tag zu einem bestimmten Grad überschritten, besteht das Risiko, dass die Ketose unterbrochen wird. Der Körper stellt seinen Stoffwechsel sofort um. Dann kann es zwischen ein bis drei Tage dauern, bis dieser Zustand wieder erreicht wird. Diese Besonderheit und die eingeschränkte Lebensmittelauswahl macht das MCT-Öl zu einem nützlichen Begleiter in der ketogenen Ernährung. MCT-Öl birgt nicht die Gefahr, die Ketose zu unterbrechen, da es ein sogenanntes „ketogenes Lebensmittel" ist. Ein großer Vorteil ist auch, dass bei der Verstoffwechselung von MCT ein Stoff anfällt, der die Ausgangssubstanz für Ketonkörper bildet. So füttern MCT bei der Metabolisierung den Körper mit weiterer Bausubstanz und machen die Ketose zum Selbstläufer.

Einige Menschen berichten über Nebenwirkungen, wie Müdigkeit und Verdauungsstörungen sowie

Abgeschlagenheit in der Anfangsphase dieser Diät. Diese Symptome sollen sich nach einer Anpassungszeit jedoch wieder legen. Menschen berichten dann von einem Gefühl der Wachheit und Klarheit, dass sie viel Energie haben und leistungsfähiger sind.

Auch im Bereich der Forschung zieht die Keto-Diät Aufmerksamkeit auf sich. Ergebnisse deuten darauf hin, dass eine ketogene Ernährung bei der Krankheit Epilepsie eine Symptomverbesserung nach sich zieht. Weiterhin zeigen Studien, dass die ketogene Diät einen spannenden Ansatz bietet, um die kognitiven Funktionen bei der Alzheimer-Krankheit zu verbessern. Es bedarf jedoch noch weiterer Untersuchungen, die die Wirksamkeit bestätigen und die Bereitschaft zur Durchführung einer ketogenen Diät als therapeutische Maßnahme erforschen. Außerdem müssen hierbei auch die möglichen Nebenwirkungen betrachtet werden.

INTERMITTIERENDES FASTEN

Omnipräsente Essensangebote verführen dazu, sich von einer Leckerei zur nächsten zu schlemmen, jedoch kann eine ständige Lebensmittelaufnahme den Körper belasten, Sie kennen es sicher vom alljährlichen

„Weihnachtskoma". Nach dem Festschmaus übermannt einen die Müdigkeit, die Energielevel sinken und das drückende Völlegefühl verdammt zur Regungslosigkeit. Da erscheint der Gedanke, dem Körper auch einmal eine Pause vom Verdauen zu gönnen, nur logisch. Schließlich gab es auch Zeiten, in denen die Lebensmittelbeschaffung viel Energie und Zeit in Anspruch nahm und Perioden von Nahrungsknappheit keine Seltenheit waren.

Das intermittierende Fasten ist jedoch ein freiwilliger Verzicht auf Nahrung, der auf eine bestimmte Zeit begrenzt ist. Es wird auch als Intervallfasten bezeichnet und ist eher eine Essgewohnheit als eine Ernährungsform, die hauptsächlich eingesetzt wird, um die Fettmasse des Körpers zu reduzieren. Über die letzten Jahre ist diese Methode immer mehr in das Zentrum des Interesses gerückt, da sie im Vergleich zu vielen Diäten und Ernährungsformen leicht umsetzbar ist und viele Freiräume bezügliche der Nahrungsmittelwahl lässt. Unter anderem wurde wissenschaftlich nachgewiesen, dass Fasten Stoffwechselvorgänge im Körper auslöst, die das Altern verlangsamen und so das Leben verlängern. Die Deutsche Gesellschaft für Ernährung (DGE) bewertet die Effekte des intermittierenden Fastens auf die Gesundheit und

Gewichtsabnahme bei gleichzeitigem Erhalt der fettfreien Masse als positiv (Deutsche Gesellschaft für Ernährung kein Datum).

Es existieren viele Abwandlungen des intermittierenden Fastens, wobei alle Formen gemeinsam haben, dass sie das Verhältnis zwischen dem gefasteten Zustand und dem Zeitfenster der Nahrungsaufnahme kontrollieren. Üblicherweise werden 14 bis 16 Stunden täglich gefastet, woraus sich ein Zeitfenster von acht bis zehn Stunden für die Nahrungszufuhr ergibt. Das hört sich erst einmal recht viel an, jedoch ist zu bedenken, dass die Zeit, in der geschlafen wird, auch zu der Fastenperiode hinzugerechnet wird. Wird also die letzte Mahlzeit abends um 18 Uhr verspeist, so kann das Frühstück am nächsten Tag zwischen acht und zehn Uhr aufgenommen werden, um eine Fastenzeit von 14 bis 16 Stunden zu erreichen. Die Zeit für das Fastenbrechen, also das Beenden der Fastendauer, wird häufig mit 16 Stunden angegeben, weil nach dieser Zeitspanne unerwünschte Effekte, wie der vermehrte Abbau von Muskeln, einsetzen können.

Das intermittierende Fasten ist nicht etwa das bloße Auslassen des Frühstücks, denn die Kalorienmenge, die normalerweise aufgenommen wird, kann gleich bleiben, lediglich das Aufnahmefenster verschiebt sich. Die positiven Effekte ergeben sich in erster Linie aus der Stoffwechsellage, die sich beim Fasten verändert. Bleibt die Energiezufuhr aus, werden zunächst die Glykogenspeicher in Leber und Muskeln geplündert, denn Glukose, die in ihrer Speicherform als Glykogen vorliegt, ist die bevorzugte Energiewährung des Körpers.

Da der Körper sicherstellen muss, dass Organe und insbesondere das Gehirn weiterhin mit Energie versorgt werden, geht der Körper nach circa acht bis zwölf Stunden in den Fastenmodus. Er greift nun bevorzugt auf Energie aus den Fettreserven zurück. Fette können nicht in Glucose umgewandelt werden, jedoch hat unser Organismus die Fähigkeit, sie in Ketonkörper umzubauen. Diese können einfach und schnell von den Muskeln aufgenommen werden. Ein Nebeneffekt der Ketone ist, dass sie Hungergefühle vermindern.

Im Schlaf stellt das Fasten kein Problem dar, doch knurrt der Magen bei dem einen oder anderen gleich nach dem Aufstehen. Sobald die erste Mahlzeit aufgenommen wird, stellt sich der Stoffwechsel sofort wieder um und verwertet die zugeführten Kalorien. Möchten Sie Ihren Metabolismus noch länger in der Fasten-Stoffwechsellage halten, können Sie MCT-Öl gewinnbringend einsetzen. Während es dem Körper Energie zuführt und das Hungergefühl verringert, bricht es nicht den Fastenzustand. Dies macht MCT-Öl zum heimlichen Star beim intermittierenden Fasten und in der Keto-Szene. Wenn Sie morgens gern Ihren Kaffee trinken, empfiehlt es sich, das MCT-Öl dort hineinzugeben, um den appetithemmenden Effekt zu maximieren. Denn auch Koffein ist bekannt dafür, Hungersignale zu verringern. Um das Risiko, die Fastenphase zu unterbrechen, nicht einzugehen, sollten Sie Ihren Kaffee ohne Milch genießen. Manche Menschen sind durch das Fasten anfällig für Schwindel oder vertragen den Kaffee auf leerem Magen nicht, dann sollten Sie von der Kombination MCT-Öl und Kaffee die Finger lassen. Sie können das MCT-Öl problemlos pur mit einem Löffel einnehmen, da es keinen Eigengeschmack hat.

Optimiert MCT-Öl die Gehirnleistung?

Dass die Schärfe des Verstandes mit dem Alter abnimmt, ist gemeinhin bekannt. Doch die Frage, wie sich die Gehirnleistung optimieren lässt, beschäftigt nicht nur die ältere Generation. Verständlicherweise, denn der Zustand unseres Gehirns beeinflusst alle Lebensbereiche gleichermaßen und bestimmt maßgeblich, wie wir uns fühlen und welche Leistungen erbracht werden können. Das Gehirn ist nicht nur dafür verantwortlich, Höchstleistungen im Job zu erbringen, es steuert auch die grundlegenden Funktionen, es ist die

Schaltzentrale unseres Körpers. Auch, wenn Sie nichts tun, laufen in Ihrem Gehirn unzählige Vorgänge gleichzeitig ab, um die überlebensnotwendigen Funktionen wie die Atmung oder den Kreislauf aufrechtzuerhalten. So sind auch immer mehr junge gesunde Menschen auf der Suche nach Möglichkeiten, das Potenzial des Gehirns voll auszuschöpfen und der unvermeidlich nachlassenden Funktion vorzubeugen. Dabei geht es zumeist um die Gedächtnisleistung, Fokus und Aufmerksamkeit, kurzum: Ein klarer Kopf ist das Ziel. Diese Effekte werden auch in verschiedenen Quellen beschrieben, wenn es um MCT-Öl geht.

Das menschliche Gehirn macht mit einem durchschnittlichen Gewicht von 1,4 Kilogramm nur zwei Prozent des Körpergewichts aus, fordert jedoch einen unverhältnismäßig hohen Anteil des Energiebedarfs ein. Circa 20 Prozent der Gesamtenergie werden benötigt. Die Hauptenergiewährung des Gehirns ist die Glukose. Für den Körper jedoch stellt es eine Herausforderung dar, alle Gehirnzellen ständig mit ausreichend Energie zu versorgen, da die Energiespeicher des Gehirns stark begrenzt sind.

Inzwischen ist bekannt, dass die Aufnahme und Metabolisierung von Glukose im Gehirn bei der Alzheimer-Krankheit verschlechtert ist. Dies ist typischerweise auf den Hirnscans von Alzheimer-Patienten zu sehen. Die Alzheimer-Demenz ist eine Krankheit, die das Gedächtnis und die Konzentrationsfähigkeit beeinträchtigt und schließlich zum Verfall der geistigen Fähigkeiten führen kann. Es ist eine Erkrankung, bei der es keine einzelne Ursache gibt, sondern sehr viele verschiedene Faktoren Einfluss nehmen. Mehr als eine Million Menschen leiden in Deutschland unter einer Demenz, davon ungefähr 60 Prozent an der Form der Alzheimer-Demenz.

Glukose ist zwar die bevorzugte Energiequelle des Gehirns, doch genau wie andere Organe kann es auf einen Reservebrennstoff zurückgreifen, falls es nötig ist. Zum Glück, denn ganz ohne wäre das Oberstübchen schnell zappenduster. Nach einem anstrengenden Training oder wenn Sie fasten, erhält Ihr Gehirn die Funktionen durch Verwendung von Ketonen als Brennstoff aufrecht. Andere Organe greifen auf freie Fettsäuren zurück, doch für das Gehirn sind diese nur unzureichend verfügbar. Die Leber ist in der Lage, 100 bis 150 Gramm Ketone pro Tag zu produzieren, was ausreichend ist, um das Gehirn während des Fastens mit Energie zu versorgen. Hierfür werden die Fettsäuren herangezogen, die im Fettgewebe gespeichert sind.

Forschungsergebnisse deuten darauf hin, dass ein geschwächter Glukosestoffwechsel im Gehirn nicht nur eine Folge von Alzheimer ist, sondern auch Anteil an der Verschlechterung der Gesundheitssituation hat. Daher sind MCT zu einem vielversprechenden Untersuchungsgegenstand geworden, denn möglicherweise können sie eingesetzt werden, um die Energieversorgung im Gehirn zu verbessern.

In einem Experiment (Croteau, et al. 2018) wurde untersucht, ob das Gehirn in der Lage ist, zusätzliche Ketone, die aus einem MCT-Supplement stammen, als Brennstoff zu verwenden. Bei jungen gesunden Menschen würde die Keton-Aufnahme im Gehirn zunehmen. Die Studie zeigte erfolgreich, dass bei Patienten mit leichter bis mittelschwerer Alzheimer-Erkrankung die Ketone aus MCT das Glukosedefizit kompensieren konnten. Die Keton-Aufnahme verdoppelte sich unter der Verwendung eines MCT-Supplements, das aus 55 Prozent Caprylsäure und 35 Prozent Caprinsäure bestand. Es wurde mit einer Dosis von 30 Gramm eingesetzt.

MCT-Öl in der Praxis

Hier angekommen, haben Sie bereits gelernt, welche strukturellen Eigenschaften MCT-Öl aufweist und dass diese dafür verantwortlich sind, wie es im Körper wirkt. So wissen Sie, dass MCT unabhängig von einem Transportsystem die Membran der Mitochondrien in Leber und Muskel passieren können, was sie zu einer Energiequelle macht, die sehr leicht zur Verfügung steht. Außerdem kennen Sie die theoretischen Auswirkungen, die MCT-Öl haben kann, und erhielten bereits einige Tipps. In diesem

Kapitel soll sich nun alles rund um die Anwendung von MCT-Öl drehen.

Sie werden erfahren, wie Sie MCT-Öl in Ihre tägliche Ernährung integrieren können und in Kombination mit welchen Speisen es besonders sinnvoll einzusetzen ist. Weiterhin werden Ansatzpunkte zur Ermittlung der richtigen Verzehrmenge besprochen und wichtige Hinweise zur Dosierung gegeben. Außerdem wird diskutiert, was genau der Unterschied zwischen MCT-Öl und Kokosnussöl ist und ob es Nebenwirkungen bei der Anwendung von MCT-Öl gibt. Zu guter Letzt vermittelt Ihnen der Guide zum Kauf einen Überblick über die verschiedenen Arten von MCT-Öl, welche Kriterien für den Kauf eine Rolle spielen und wie Sie Ihre persönliche Wahl treffen können.

MCT-ÖL ODER KOKOSNUSSÖL?

Das tropische Öl liegt im Trend und hat den Weg in viele Vorratsschränke oder gar Badezimmer gefunden. Kokosöl ist im kosmetischen Bereich beliebt, da es antibakteriell wirkt und pflegende Eigenschaften besitzt. Auch in der Küche kann es vielseitig angewendet werden. Gegenüber dem MCT-Öl bietet Kokosöl den Vorteil, dass es hoch erhitzt werden darf, so kann es eingesetzt werden, um zu braten, zu kochen und zu backen. In manchen Medienbeiträgen wird die Verwendung von Kokosnussöl zur Gewichtsreduktion befürwortet, da es ähnliche Gesundheitsvorteile wie MCT-Öl bieten soll.

Eingangs (vergleiche Kapitel Vorkommen und Herstellung) wurde bereits beschrieben, dass Kokosöl einen hohen Anteil an MCT besitzt, da liegt der Gedanke nahe, einfach das kostengünstigere Kokosöl statt MCT-Öl zu verwenden. Beide Öle stammen aus der Kokosnuss und eine weitere Gemeinsamkeit ist, dass sie aus gesättigten Fetten bestehen. Nun Fragen Sie sich sicher, wo der Unterschied in den Ölen liegt.

Die Öle bestehen aus einer unterschiedlichen Mischung von gesättigten Fettsäuren. Im Kokosöl kommt die Caprylsäure (C8) etwa mit sechs Prozent vor und die Caprinsäure (C10) ist mit einem Anteil von etwa neun Prozent vertreten. Die Laurinsäure ist in viel größeren Mengen in Kokosnussöl zu finden, sie macht nämlich nahezu 50 Prozent des gesamten Fettanteils aus. Im Gegensatz dazu kommt sie in MCT-Öl überhaupt nicht vor. Dies ist relevant, da vermutet wird, dass nur 20 bis 30 Prozent der Laurinsäure die Abkürzung über die Pfortader direkt zur Leber einschlägt.

Die restliche Laurinsäure wird wie langkettige Fettsäuren metabolisiert.

Schlussfolgernd ist festzuhalten, dass die wirksamen MCT im Kokosöl nur einen sehr geringen Anteil ausmachen. MCT-Öl weist also einen vielfach größeren Effekt auf, daher besitzt Kokosöl nicht die gleichen Vorteile wie MCT-Öl und kann dieses nicht ersetzen.

Es sind kaum Studien zur Gewichtsabnahme vorhanden, in denen der Effekt von MCT mit dem von Kokosnussöl direkt verglichen wird, doch die Studie von Kinsella, Maher und Clegg (Kinsella, Maher und Clegg 2017) hat gezeigt, dass die Aufnahme von Kokosnussöl keine Verringerung der Nahrungsaufnahme nach sich zog, während bei dem Verzehr von MCT-Öl die Nahrungsaufnahme reduziert war.

MÖGLICHE NEBENWIRKUNGEN

Die generelle Verträglichkeit für MCT-Öl ist sehr gut, weshalb es auch in der klinischen Ernährungstherapie, zum Beispiel bei Pankreasinsuffizienz oder bei Fettaufnahmestörungen, als Energiequelle eingesetzt wird. Treten unerwünschte Nebeneffekte bei der Einnahme von MCT-Öl auf, so betreffen sie am häufigsten den Magen-Darmtrakt. Hierbei können Bauchschmerzen,

Blähungen und Durchfall auftreten. Zum Glück müssen Sie dies nicht einfach ertragen, denn hinter den Beschwerden steht eine einfache Ursache, die sich leicht beheben lässt:

Die Symptome entstehen, weil eine zu hohe Dosis eingenommen wird, während der Körper noch nicht an die neue Substanz gewöhnt ist. Dies ist logisch, da MCT in geringen Mengen und nur in Lebensmitteln wie Kokosöl, Palmöl und Butter vorkommen, die im Alltag gar nicht oder nur in kleinen Portionen aufgenommen werden. MCT-Öl jedoch besteht aus 100 Prozent MCT, das heißt, schon ein Esslöffel MCT-ÖL enthält ein Vielfaches der Menge an Fettsäuren, die in Lebensmitteln natürlicherweise vorkommen. Haben Sie Ihren Stoffwechsel erst einmal darauf trainiert, das MCT-Öl zu verwerten, sollten Sie keine Beschwerden mehr haben. Außerdem wurde in Studien festgestellt, dass bei manchen Personen die Beschwerden gemildert werden konnten, wenn das MCT-Öl zusammen mit Kohlenhydraten aufgenommen wurde.

Bei unterschiedlichen untersuchten Spezies, einschließlich des Menschen, kann die tägliche Dosis von einem Gramm MCT pro Kilogramm Körpergewicht als ausreichend sicher betrachtet werden. Das bedeutet also, dass Sie, wenn Sie beispielsweise 70 Kilogramm wiegen, 70 Gramm MCT-Öl pro Tag verzehren können, ohne dadurch Ihre Gesundheit zu schädigen. Auch toxikologische Untersuchungen bestätigen, dass die Aufnahme von MCT für den Menschen als sicher betrachtet werden kann.

Gesättigte Fettsäuren gelten gemeinhin als ungesund, da sie mit einer Risikoerhöhung für Herzkreislaufkrankheiten, wie Bluthochdruck, Atherosklerose und Herzerkrankungen, assoziiert werden. In den Industrienationen sind die Erkrankungen des Herzkreislaufsystems die häufigste Todesursache. Etwa 20 Prozent der Erwachsenen in Deutschland sind von Herzkreislaufkrankheiten betroffen. Die „schlechten" Fette im Blut, das Low-Density-Lipoprotein-Cholesterin (LDL-C), werden von gesättigten Fettsäuren wie MCT erhöht. Eine hohe Konzentration von LDL führt nachweislich zu Atherosklerose, die umgangssprachlich auch als „Gefäßverkalkung" bezeichnet wird, denn durch die krankhafte Einlagerung von Fetten in die Gefäßwand verengen sich die Arterien.

In einigen Untersuchungen wurde gezeigt, das MCT den LDL-C Wert erhöhen. In anderen hingegen wurde auf die Fettmarker im Blut ein neutraler oder ein gewünschter reduzierter Effekt auf zirkulierendes Cholesterin und Triglyceride gezeigt, wenn MCT in einer moderaten Menge verabreicht wurden. Diese Dosis lag unter zehn Prozent, bezogen auf die gesamte aufgenommene Energie. Sobald diese jedoch auf über 35 Prozent erhöht wurden, zeigten sich schädliche Auswirkungen sowohl auf den Cholesterin- als auch auf den Triglyceridwert. Die Evidenzlage ist derzeit nicht vollständig geklärt, es ist jedoch zu sehen, dass die jeweiligen Effekte abhängig von der verabreichten Dosis sind. Eine Anwendung von MCT mit einer Dauer von 30 Tagen und einer Dosis von 30 Gramm MCT pro Tag wirkt sich nicht nachteilig auf das Körpergewicht, den BMI oder den Körperfettgehalt aus und beeinflusst die Blutfettwerte nicht.

Laut DGE sollte die Aufnahmemenge von gesättigten Fettsäuren nicht mehr als zehn Prozent der täglichen Kalorienzufuhr ausmachen. Nehmen Sie also täglich 2000 Kalorien auf, so dürfen 200 Kalorien von gesättigten Fettsäuren stammen. MCT-Öle haben je nach Fettsäurezusammensetzung einen leicht unterschiedlichen Energiegehalt, durchschnittlich enthält es 850 bis 900 Kalorien. Somit könnten Sie täglich etwa 23 Gramm MCT-ÖL zu sich nehmen, um die Empfehlung der DGE nicht zu überschreiten. Ist es Ihr Ziel, mit Ihrer Fettsäureaufnahme innerhalb dieses Bereiches zu bleiben, müssen Sie beachten, dass es noch weitere

Nahrungsmittel gibt, die gesättigte Fettsäuren enthalten und auf dem Fettsäurekonto zu Buche schlagen. Betroffen sind insbesondere tierische Produkte, wie fettes Fleisch, Wurstwaren, Käse, Milch und Butter.

Bei Personen mit einem erhöhten Risiko für Herzkreislauferkrankungen kann sich ein hoher Konsum von MCT negativ auswirken. Wenn dies auf Sie zutrifft, konsultieren Sie Ihren Arzt, bevor Sie die Aufnahme von MCT-Öl oder eine Fett-basierte Ernährung beginnen.

DIE MENGE MACHT'S!

Wider besseres Wissen tappen viele Menschen dem Leitsatz „Viel hilft viel" in die Falle. Unser Körper hat in seinen Funktionen eine empfindliche Balance, die dafür sorgt, dass alle physiologischen Prozesse geregelt ablaufen. Ein „Zu-Viel" oder „Zu-Wenig" jeder Substanz kann dieses dynamische Gleichgewicht stören und Stoffe, die eigentlich eine positive Wirkung auf den Organismus haben, können plötzlich negative Effekte auslösen. Von diesem Leitgedanken aus werden in wissenschaftlichen Studien unterschiedliche Dosen von Stoffen auf ihre Wirkungen und Nebenwirkungen getestet.

In der Literatur hat sich gezeigt, dass bei Verabreichung größerer Mengen, circa über 50 bis 80 Gramm MCT pro Tag, ohne vorherige Eingewöhnung unangenehme Nebenwirkungen auftreten können. Daher ist es ratsam, den Austausch der langkettigen Fettsäuren in der Nahrung durch MCT in kleinen Schritten durchzuführen. Um den Organismus nicht zu überfordern, sollten Sie mit einer sehr niedrigen Menge an MCT-Öl beginnen. Starten Sie mit fünf Gramm MCT-Öl pro Tag, dies entspricht einem Teelöffel. Sobald sich Ihr Verdauungssystem an das Öl gewöhnt hat und Sie keine Symptome bemerken, können Sie die Menge auf tägliche zehn Gramm MCT-Öl, entsprechend einem Esslöffel, erhöhen.

Wie lange eine Dosis eingenommen werden soll, bevor sie erhöht werden kann, ist bei jedem Menschen unterschiedlich. Die Ernährungsform, der Sie bisher gefolgt sind, nimmt einen Einfluss darauf, wie viel MCT-Öl Sie vertragen. Ernähren Sie sich „Low Carb", vermeiden Sie also kohlenhydratreiche Lebensmittel wie Nudeln, Brot, Getreide und Obst, dann nehmen Sie dadurch weniger Kohlenhydrate auf als Personen, die einer Standarddiät folgen. Somit ist Ihr Körper bereits daran gewöhnt, seine Energie vorwiegend aus Eiweißen und Fetten zu beziehen. Dies lässt vermuten, dass

Sie nach einer Eingewöhnungsphase schon bald die Menge von MCT-Öl erhöhen können. Sind Sie Anhänger einer ketogenen Diät, dann befindet sich Ihr Körper in einer Stoffwechselsituation, die MCT-Öl zu nutzen weiß. Dadurch werden Sie in der Lage sein, die Dosis schneller zu erhöhen. Falls Sie sich standardmäßig ernähren, dann seien Sie geduldig mit sich und Ihrem Körper. Bei dieser Ernährungsweise ist zu erwarten, dass die Phase der Eingewöhnung etwas länger dauert. Doch nach dieser werden Sie vermutlich feststellen, dass Sie in immer kürzeren Abständen eine höhere Dosis an MCT-Öl einnehmen können, Sie werden am Ende also für Ihre Geduld belohnt!

Tasten Sie sich nach der Eingewöhnungszeit langsam an eine Dosiserhöhung heran und hören Sie auf Ihren Körper. Sobald Sie Beschwerden oder Unwohlsein feststellen, fahren Sie die Menge herunter oder setzen Sie ein bis zwei Tage aus. Manche Menschen vertragen nach der Eingewöhnung größere Mengen MCT, andere profitieren von einer weiteren stufenweisen Erhöhung der Menge.

Im weiteren Verlauf kann die Menge von 10 Gramm auf 20 Gramm MCT-Öl täglich gesteigert werden. An diesem Punkt liegt Ihre Aufnahme von gesättigten Fettsäuren aus MCT-Öl noch innerhalb der

Empfehlung der DGE. Bei dieser Dosis ist also nicht zu erwarten, dass die Gesundheit geschädigt wird. Entschließen Sie sich dazu, eine weitere Erhöhung vorzunehmen, so gehen Sie in Fünfer- oder Zehnerschritten vor. Die nächsthöhere Dosis würde dann 25 bis 30 Gramm pro Tag entsprechen.

Wo sich die maximale Menge befindet, bis zu der Sie die MCT-Aufnahme steigern möchten, liegt in Ihren Händen. Es hängt davon ab, wie viel Ihr Körper verträgt und welche Ziele Sie verfolgen. Es wird jedoch empfohlen, je nach Toleranz, nicht mehr als 50 bis 100 Gramm MCT pro Tag aufzunehmen (Heepe und Wigand 2002).

An dieser Stelle soll noch einmal hervorgehoben werden, dass weiterhin darauf zu achten ist, essenzielle ungesättigte Fettsäuren in die tägliche Ernährung zu integrieren, da diese unabdingbar für normale physiologische Funktionen sind. Geeignete Lebensmittel für die Bedarfsdeckung sind Nüsse und Samen, wie Walnüsse, Lein-, Chia- und Hanfsamen oder fetter Fisch.

VERWENDUNG IN DER KÜCHE

In den vorangegangenen Kapiteln haben Sie erfahren, was MCT-Öl so besonders macht und durch welche Wirkweisen es Ihre Gesundheit positiv beeinflusst. Da Sie nun auch wissen, in welcher Dosis MCT aufgenommen werden sollten, können Sie in der Küche kreativ werden. Die Darreichungsformen von MCT-Öl in Speisen sind sehr vielfältig, da es sowohl geruchslos als auch geschmacksneutral ist. MCT liegen bei Zimmertemperatur in einem flüssigen Zustand vor, werden sie im Kühlschrank gelagert, beginnen sie auszuhärten. Obwohl die Küchen-technischen Eigenschaften der MCT die Zubereitungsmethoden einschränken, da sie aufgrund ihres niedrigen Rauchpunktes weder zum Braten noch zum Schmoren oder Dünsten geeignet sind, bleiben die Einsatzmöglichkeiten von MCT-Öl im Alltag zahlreich.

Aufgrund der guten Wasserlöslichkeit bietet es sich an, das Öl in Getränke wie Kaffee, Proteinshakes oder Smoothies einzurühren. Während sich, wie bereits im Abschnitt „intermittierendes Fasten" erwähnt, die Kombination von MCT-Öl mit Kaffee hervorragend dazu eignet, die Fastenperiode hinauszuzögern, so sorgt ein Proteinshake mit MCT-Öl nach dem Training dafür, dass Sie schnell wieder mit Energie versorgt werden und gesättigt sind. Eine echte Vitaminbombe erhalten Sie beim Hinzufügen von MCT-Öl in Smoothies, denn die fettlöslichen Vitamine A, E, D und K, die in Obst und Gemüse enthalten sind, werden durch das Öl besser vom Körper aufgenommen.

MCT-Öl kann außerdem Salatdressings, Dips oder Selbstgemachtes verfeinern. MCT-Öl kann zwar nicht im Backvorgang verwendet werden, doch es besteht die Möglichkeit, es bei süßen Backwaren der Cremefüllung oder dem Zuckerguss hinzuzufügen. Empfehlenswert ist es auch, das MCT-Öl auf dem Tisch griffbereit stehen zu haben, sodass sie es über Ihre zubereitete Mahlzeit geben können. Es ist lediglich darauf zu achten, dass die Gerichte nicht lange warmgehalten werden, nachdem das MCT-Öl hinzugefügt wurde, denn es kann dabei ein unangenehmer, bitterer Geschmack entstehen, daher verzehren Sie nach Zugabe des Öls Ihre Mahlzeit sofort.

Während der Eingewöhnungszeit, in der sich der Körper auf das MCT-Öl einstellt, ist es empfehlenswert, das Öl nicht auf nüchternen Magen anzuwenden. Stattdessen nehmen Sie es zu einer Mahlzeit ein, denn so können durch die anderen Nahrungsbestandteile mögliche Nebenwirkungen, wie einen Blähbauch, abgemildert werden. Wenn Sie wissen, dass Sie einen empfindlichen Verdauungstrakt haben, dann wenden Sie MCT-Öl nicht in der ersten Mahlzeit des Tages, sondern besser zum Mittagessen an. Der Puffereffekt wird dann durch die erste Mahlzeit im Darm verstärkt. Sobald sich der Organismus angepasst hat, können Sie dazu übergehen, das MCT-Öl bereits morgens einzusetzen, wenn Sie dies möchten.

Um eine bestimmte Menge MCT-Öl aufzunehmen, müssen Sie dieses nicht abwiegen. Zum Abmessen können Sie einfach einen Löffel verwenden. Ein Teelöffel fasst etwa fünf Gramm, während ein Esslöffel zehn Gramm entspricht.

Ungeöffnet hat MCT-Öl eine Haltbarkeit von etwa zwei Jahren. Sobald eine Flasche MCT-Öl angebrochen wird, kommt Sauerstoff mit dem Produkt in Kontakt und reagiert mit den Fettsäuren. Dieser Prozess wird als Oxidation bezeichnet und kann über die Zeit hinweg die Wirksamkeit vermindern. Es ist ratsam, die Flasche nach jeder Benutzung wieder fest zu verschließen und nach Anbruch innerhalb einiger Monate aufzubrauchen. Auch Wärme wirkt sich sowohl auf die Haltbarkeit als auch auf die Wirksamkeit aus. Daher sollte MCT-Öl außerhalb des Kühlschrankes, kühl, trocken und dunkel gelagert werden. Ein Küchenschrank eignet sich hierfür, da er auch vor Sonneneinstrahlung schützt. Weiterhin ist zu beachten, dass das Öl bei der Lagerung keinen großen Temperaturschwankungen ausgesetzt ist. Normalerweise ist eine Lagerung bei Zimmertemperatur ausreichend, doch heizt sich Ihre Wohnung im Sommer stark auf, ist es besser, das Öl im Kühlschrank aufzubewahren. Das Öl bleibt bei der üblichen Kühlschranktemperatur von fünf bis sieben Grad flüssig, da es sich erst bei unter null Grad verfestigt.

Ob ein MCT-Öl nach langer Lagerung schlecht geworden ist, können Sie einfach durch wenige Merkmale ermitteln. Verdorbenes Öl wird ranzig, dies erkennen Sie leicht am Geruch und Geschmack. Wenn dieser unangenehm ist, dann muss das Öl entsorgt werden, denn MCT-Öl hat keinen Eigengeruch oder -geschmack. Weitere Hinweise für einen Verderb sind eine klumpige Konsistenz oder gar dunkle oder gelbe Flecken oder Verfärbungen. So können Sie auch erkennen, ob ein Öl noch gut ist, obwohl das Mindesthaltbarkeitsdatum schon abgelaufen ist.

DAS IST BEIM KAUF ZU BEACHTEN

In normalen Supermärkten ist MCT-Öl eher nicht zu finden, daher sollten Sie sich online bedienen, dort wird eine überwältigende Vielfalt verschiedener Öle angeboten. Nehmen Sie sich Zeit, die Angebote zu studieren, bevor Sie sich für ein Produkt entscheiden. Dieses Kapitel gibt Ihnen Informationen an die Hand, die es Ihnen erleichtern, eigene Prioritäten zu setzen und eine gute Wahl zu treffen.

Die brennende Frage, die nun zu klären ist, beschäftigt sich mit der Zusammensetzung der Fettsäuren des MCT-Öls, denn je nach Komposition des Öls werden unterschiedliche Effekte erzielt. Das beste Leistungsverhältnis bekommen Sie mit MCT-Ölen, die zu 100 Prozent aus mittelkettigen Fettsäuren bestehen und nicht mit anderen langkettigen Fettsäuren gemischt wurden. Öle, die Capronsäure (C6) enthalten, sind in der Regel günstiger, da die Herstellungskosten für C6 geringer sind, jedoch sollten Sie diese Produkte in jedem Fall vermeiden, denn diese Fettsäure zählt zwar auch zu den mittelkettigen, hat aber einen fauligen Geruch sowie Geschmack und soll zudem auch noch kaum erwünschte Effekte aufweisen. Die anderen

MCT haben diese unerwünschten Eigenschaften nicht. Es gibt auch MCT-Öl zu kaufen, das aus reiner Caprylsäure (C8) besteht und als „Premiumqualität" gehandelt wird, weil es in besonders wenigen Schritten verstoffwechselt wird und schnell Energie liefert. Diesem Öl wird nachgesagt, dass es den stärksten Energieschub auslöst. Allerdings ist es in der Regel auch hochpreisiger. Am häufigsten zu finden ist eine Mischung aus Caprylsäure (C8) und Caprinsäure (C10), wobei üblicherweise das C8 einen größeren Anteil am Gesamtprodukt hat.

Bekannterweise hängt die Wirkung eines Produktes auch von der Qualität ab, daher stellen Sie sich nun wahrscheinlich die Frage, wie Sie ein qualitativ hochwertiges MCT-Öl erkennen können. Zunächst einmal ist die Reinheit des Öls ein wichtiges Kriterium, daher ist es wichtig zu beachten, dass dem Öl keine weiteren Stoffe zugesetzt sind, wie etwa Aromen oder Konservierungsstoffe.

MCT-Öle in Glasflaschen sollten denen in Plastikflaschen vorgezogen werden. Möchten Sie doch zu einem Produkt in einer Plastikflasche greifen, dann stellen Sie sicher, dass keine Stoffe im Plastik enthalten sind, die in das Öl migrieren können. Achten Sie dabei auf den Zusatz „BPA-frei". BPA steht für Bisphenol A und steckt in sehr vielen Gebrauchsgegenständen aus Plastik. Diese Industriechemikalie wird von Verpackungen abgegeben, vor allem bei Wärmeeinwirkung. BPA ist deshalb zu vermeiden, weil es hormonartige Wirkungen auf den Körper ausübt. Es wirkt in etwa wie das weibliche Hormon Östrogen. Außerdem ist es stark fettlöslich, weshalb das MCT-Öl ein Migrieren von BPA aus dem Plastik in das Produkt erleichtert. Die Unterschiede in der Verpackung bestehen nicht nur im Material, es gibt auch verschiedene Varianten von Flaschenköpfen. Am komfortabelsten ist eine Öffnung, die als Ausgießhilfe fungiert. Dabei wird das Kleckern vermieden. Es ist lediglich darauf zu achten, dass die Flasche nach Benutzung gut verschließbar ist.

Da das Bewusstsein für Nachhaltigkeit bei Verbrauchern und Herstellern wächst, werden die meisten MCT-Öle aus Kokosöl gewonnen. Palmöl wird meistens nicht unter nachhaltigen Bedingungen hergestellt. Häufig werden für die Produktion illegal Regenwälder gerodet und ein hoher CO_2-Ausstoß verursacht, der sich negativ auf die Umwelt auswirkt. Wenn Ihnen die Umwelt am Herzen liegt, sollten Sie daher auf ein MCT-Öl zurückgreifen, das aus Kokosöl hergestellt wurde. Manche Hersteller setzen sich zusätzlich für Nachhaltigkeitsprojekte ein.

Wenn Sie noch keine Erfahrungen mit MCT-Öl haben, dann lassen Sie besser die Finger von Vorteilspacks, in denen größere Mengen MCT-Öl, oft für einen günstigeren Preis, angeboten werden. Da Sie das Produkt des Herstellers nicht kennen, können Sie nicht wissen, ob es Ihnen auch zusagt. Greifen Sie lieber zuerst auf eine kleinere Flasche zurück, so können Sie austesten, ob MCT-Öl für Sie persönlich Vorteile bringt und nacheinander verschiedene Firmen ausprobieren. Außerdem ist zu bedenken, dass die Haltbarkeit nach Öffnung begrenzt ist. Eine gute Einstiegsgröße sind 500 ml. Dies reicht für 25 Anwendungen mit einer Menge von 20 Gramm.

Abkürzungs-verzeichnis

BMI	– Body-Mass-Index
BPA	– Bisphenol A
C-Atome	– Kohlenstoffatome
DGE	– Deutsche Gesellschaft für Ernährung
LDL-C	– Low-Density-Lipoprotein-Cholesterin
MCT	– mittelkettige Triglyceride
NEM	– Nahrungsergänzungsmittel

Literatur-
verzeichnis

Bueno, Nassib B., Ingrid V. de Melo, Telma T. Florên-
cio, und Ana L. Sawaya. 2015. „Dietary Medium-
Chain Triacylglycerols versus Long-Chain Triacylglycerols for Body Composition in Adults:
Systematic Review and Meta-analysis of Rando-
mized Controlled Trials." Journal of the American
College of Nutrition.

Croteau, Etienne, Christian-Alexandre Castellano, Ma-
rie Anne Richard, Melanie Fortier, Scott Nugent,
Martin Lepage, Simone Duchesne, et al. 2018.

„Ketogenic Medium Chain Triglycerides Increase Brain Energy Metabolism in Alzheimer's Disease." Journal of Alzheimer's Disease, 551-561.

Deutsche Gesellschaft für Ernährung . kein Datum. Intervallfasten. Zugriff am 14. 07 2021. https://www.dge.de/ernaehrungspraxis/diaeten-fasten/intervallfasten/?L=0.

Heepe, Fritz, und Maria Wigand. 2002. Lexikon Diätetische Indikationen - Spezielle Ernährungstherapie und Ernährungsprävention. 4. Auflage. Berlin, Heidelberg, New York: Springer Verlag.

Kinsella, R., T. Maher, und M.E. Clegg. 2017. „Coconut oil has less satiating properties than medium chain triglyceride oil." Physiology & Behavior, 422-426.

Maher, Tyler, Martina Deleuse, Sangeetha Thondre, Amir Shafat, und Miriam E. Clegg. 2020. „A comparison of the satiating properties of medium-chain triglycerides and conjugated linoleic acid in participants with healthy weight and overweight or obesity." European Journal of Nutrition, 203-215.

Mensink, G.B.M., A. Schienkiewitz, M. Haftenberger, T. Lampert, T. Ziese, und C. Scheidt-Nave. 2013.

Übergewicht und Adipositas in Deutschland - Ergebnisse der Studie zur Gesundheit Erwachsener in Deutschland (DEGS1). Herausgeber: Robert Koch-Institut. Bd. 56. Berlin Heidelberg: Springer-Verlag.

Nagao, Koji, und Teruyoshi Yanagita. 2010. „Medium-chain fatty acids: functional lipids for the prevention and treatment of the metabolic syndrome." Pharmacological Research, 208-212.

Statista Global Consumer Survey. 2020-2021. Zugriff am 07 2021. https://de.statista.com/infografik/24797/umfrage-zum-konsum-von-nahrungs-ergaenzungsmitteln-in-deutschland/.

Herstellung und Verlag:

BoD – Books on Demand, Norderstedt

ISBN: 9783755783800

1. Auflage

Kontakt: Psiana eCom UG/ Berumer Str. 44/ 26844 Jemgum

Covergestaltung: Fenna Larsson

Coverfoto: depositphotos.com